Rope Skipping für Einsteiger

- Das Praxisbuch -

Wie Sie das Seilspringen schnell erlernen, sich im Handumdrehen Jumping-Techniken aneignen und Ihr neues Können fortlaufend verbessern

Katja Eden

INHALT

Das erwartet Sie in diesem Buch

Der eine oder andere erinnert sich bei dem Gedanken an Seilhüpfen bestimmt noch an die Schulpausen damals auf dem Pausenhof in der Grundschule. Und sicherlich schmunzeln Sie jetzt darüber. Es war als Kind ein Zeitvertreib, hat Spaß gemacht und war im wahrsten Sinne des Wortes ein Kinderspiel. Ist es das heute immer noch?

Wer hätte gedacht, dass aus dem „Seilhüpfen" eine anerkannte Sportart wird, in der mittlerweile sogar internationale Wettkämpfe ausgetragen werden.

Was als Trend aus dem Ausland nach Europa herübergeschwappt ist, erobert auch bei uns vor der Haustüre Begeisterung in allen Altersklassen und Sportgruppen.

Nur wenige andere Sportarten benötigen so wenig und platzsparendes Equipment wie das Rope Skipping. Somit ist es fast überall auf der Welt durchführbar. Sportschuhe, Seil auspacken und los geht's. Egal, ob Sie sich im Hotelzimmer am anderen Ende der Welt befinden oder einfach die Motivation für den Weg zum Fitnessstudio fehlt.

Die positiven Aspekte für das Herzkreislaufsystem und die Koordination sind dabei definitiv nicht außer Acht zu lassen. Nicht nur Freizeitsportler haben diese entdeckt, auch im Profisport sehen Sie Sportler springen, beispielsweise Boxer beim Aufwärmen, Konditions- oder Koordinationstraining.

Die Sportart bietet verschiedene Möglichkeiten, um sich sowohl als Teamplayer oder aber auch als Einzelkämpfer auspowern zu können. Gerade für Kinder und Jugendliche ist dieser soziale Aspekt sehr wertvoll. Einerseits kann man als Team die Gruppendynamik verbessern, gemeinsam Probleme lösen oder kreativ sein und andererseits gibt es Disziplinen, bei denen man seine Ausdauer und Schnelligkeit gegenseitig messen kann. Auch dieser Wettkampfcharakter kann motivierend sein.

Egal, ob Anfänger, Fortgeschrittener, als Wettkampf-, Show- oder Freizeitgruppe: Das Allerwichtigste ist, niemals den Spaß und die Freude daran zu verlieren. Als Mitglied im Verein gehen viele Gruppen auf die regelmäßig stattfindenden Turnfeste. Und auch hier ist für jeden etwas dabei. Ob Kinder-, Landes-, Deutsches oder Internationales Turnfest, Langeweile kommt bestimmt nicht auf.

Auch in diesem Buch soll natürlich keine Langeweile aufkommen, deshalb gibt es ein Do-it-yourself-Kapitel, in dem einfache Sprünge zum Nachmachen erklärt werden.

Also worauf warten Sie noch? Wenn Sie jetzt Lust bekommen haben, mehr über diese Sportart zu erfahren, und sie vor allem auch mal ausprobieren wollen, springen Sie mit Schwung rüber in das erste Kapitel.

KATJA EDEN

Auf die Seile, fertig, los.

Trendsport oder Tradition – Die Geschichte der Sportart

Wie und wo genau das Seilspringen seinen Ursprung hat, ist bis heute nicht sicher geklärt. Im World Wide Web lassen sich viele Vermutungen und vage Behauptungen finden, die verschiedene Anfänge der Sportart, ob geografisch oder zeitlich, vorbringen.

Nach den häufigsten Aussagen entwickelte sich die Sportart vermutlich über viele Jahre hinweg aus einem Kinderspiel, beziehungsweise einer Kinderbeschäftigung, heraus. Scheinbar soll die Sportart im 16. oder 17. Jahrhundert von Holland nach Nordamerika gebracht worden sein und kam dann im 20. Jahrhundert als Rope Skipping wieder nach Europa zurück. Klar ist jedoch, dass in den USA Ende der 60er-Jahre die ersten wissenschaftlichen Untersuchungen zu den positiven Aspekten, die das Seilspringen auf das Herzkreislaufsystem hat, ausgeführt wurden.

Daraufhin wurde 1978 die Kampagne „Jump Rope for Heart" begonnen, die durch das Seilspringen regelmäßigere Bewegung fördern sollte, um die positiven Aspekte des Trainings auf das Herzkreislaufsystem zu zeigen. Diese Kampagne entstand im Anliegen der „American Heart Association" (AHA).

In den USA ist das Springseil inzwischen ein nicht wegzudenkendes Trainingsgerät, das auch in Fitnessstudios vorhanden ist und inzwischen vermehrt Rope-Skipping-Kurse ebenso in Fitnessstudios angeboten werden.

Ganz so weit ist die Sportart in Deutschland noch nicht entwickelt. Viele kennen Rope Skipping noch gar nicht als Sportart oder können sich schlichtweg nichts darunter vorstellen.

Die ersten Weltmeisterschaften des Rope Skippings fanden 1996 in Australien statt.

In den 80er-Jahren kam das Seilspringen durch verschiedene Schüleraustausch-Programme nach Deutschland. Hier war es leider das erste Jahrzehnt etwas verloren, gehörte zu keinem größeren Verein und war offiziell nicht untergeordnet oder eingruppiert. Für die Anerkennung war viel Vorarbeit notwendig. Es wurden Schulungsprogramme, Trainerausbildungen, Wettkampfordnungen und vieles weitere entwickelt.

Inzwischen sind die Weichen auch bei uns gestellt, denn seit einigen Jahren ist Rope Skipping offiziell dem Deutschen Turnerbund zugehörig und immer mehr Vereine bieten dieses Sportangebot neu an, weil auch sie die Begeisterung für diesen Sport gepackt hat.

Doch, nun noch kurz zum Namen der Sportart. In Deutschland ist sie unter Rope Skipping bekannt. Übersetzt könnte man vergleichsweise auch Seilhüpfen sagen. Dieser Begriff stammt aus kanadischen Übermittlungen. In den USA dagegen nennt sich der Sport „Jump Rope" beziehungsweise die Aktivität des Seilspringens heißt dort „Rope Jumping", deshalb sind viele Informationen im Internet nicht nur unter dem europäisch bekannten Rope Skipping, sondern eben auch unter Jump Rope und Rope Jumping zu finden. Ganz egal, wie es genannt wird, Hauptsache, es macht Spaß.

Prävention, Gesundheit und Fitness

Seilspringen ist das perfekte Ausdauertraining. Von außen scheint es vielleicht wie ein Unterkörpertraining, aber wer es selbst schon einmal ausprobiert hat, merkt, wie stark man nach nur wenigen Minuten des Springens außer Atem kommt. Je nach Intensität des Trainings spürt man später die Beanspruchung großer Muskelgruppen der unteren sowie der oberen

Extremitäten, also von Armen und Beinen. Im Oberkörper werden hauptsächlich Schulterbereich und Arme beansprucht. Im Unterkörper Oberschenkel-, Waden- und Fußmuskulatur. Durch den Einsatz dieser mehreren großen Muskelgruppen wird Rope Skipping zur Ausdauersportart, die durch die vielen variierbaren Parameter in ihrer Intensität an jeden Menschen und an jede Tagesform angepasst werden kann. Je schneller Sie springen, desto intensiver muss Ihr Herzkreislaufsystem arbeiten, worauf ein gutes Ausdauertraining basiert. Durch regelmäßiges Training von 20 bis maximal 30 Minuten für circa drei- bis fünfmal pro Woche können Sie das Risiko für verschiedene Herzkreislauferkrankungen wie Bluthochdruck, Herzinfarkt und Schlaganfall oder auch für andere Erkrankungen wie Diabetes und Osteoporose senken sowie das Krebsrisiko reduzieren.

Nicht nur das Herzkreislaufsystem und Ihre Ausdauer profitieren von dieser genialen Sportart, sondern auch Ihre Koordination, Schnelligkeit, Beweglichkeit und Kraft.

Das Hauptaugenmerk des Trainings liegt sicherlich auf der Ausdauer. Seilspringen ist einfach eine super Ausdauersportart. Die Intensität lässt sich durch verschiedene Parameter gut anpassen (wie im Kapitel Jumping Techniken beschrieben). Nicht nur die Schnelligkeit beeinflusst die Intensität direkt, sondern auch die Art von Sprung und wie viel Muskelmasse dabei aktiv ist.

Vor allem auch die Koordination wird beim Rope Skipping stark beansprucht. Allein die Koordination von Armen und Beinen stellt für Anfänger beim Grundsprung bereits eine Herausforderung dar.

Außerdem gibt es immer Möglichkeiten, die den Sprung noch komplizierter und koordinativ anspruchsvoller gestalten lassen. Wenn Ihnen ein Sprung zu leicht oder zu eintönig wird, springen Sie ihn vorwärts, rückwärts, in anderer Geschwindigkeit, oder noch schwieriger, im Double under.

Mehrere Figuren müssen mit gut abgestimmter Hand-Fuß-Koordination und zusätzlich mit dem passenden Timing des Seils und gutem Taktgefühl zur Musik ausgeführt werden. Dabei entsteht das eine oder andere Mal nicht nur ein Knoten im Seil, sondern auch in den Armen oder gar in Ihren Gedanken. Hier passt das alte Sprichwort „Übung macht den Meister". Oft ist es deshalb sinnvoller, gar nicht zu stark und zu versteift auf die Ausführung zu achten, sondern den Gedanken freien Lauf zu lassen und einfach drauf loszuspringen.

Wenn Ihnen bisher übliches Gleichgewichtstraining zu trocken vorkam, haben Sie hiermit ebenfalls eine Lösung gefunden. Rope Skipping fördert nämlich auch das Gleichgewicht, vor allem, wenn Einbein-Sprünge in Ihrem Training integriert sind.

Die Schnelligkeit wird natürlich hauptsächlich bei sehr schnellen Geschwindigkeiten der Seile gefördert. In diesem Trainingsbereich sind meist nur Wettkampf- oder Profisportler zu finden.

Ebenfalls trainieren oder fordern Sie einige Figuren im Bereich Beweglichkeit heraus. Einer der Gründe, warum das Rope Skipping dem Deutschen Turnerbund zugehörig ist. Es sind einige turnerische Elemente auch im Seil durchführbar, die eher für Fortgeschrittene gedacht sind. Für die Beweglichkeit und somit das Ausführen-Können von bestimmten Sprüngen ist das Dehnen innerhalb der Trainingseinheiten unumgänglich, ansonsten kann das Verletzungsrisiko deutlich ansteigen.

Das Rope Skipping ist definitiv kein Krafttraining, das starken Muskelaufbau fördert. Trotzdem kann beim Training auch die Kraft verbessert werden. Dabei wird am meisten die Beinkraft beansprucht, die durch die Sprünge auch gesteigert werden kann. Zum Beispiel belastet ein Easy Jump die Beinmuskulatur nicht so stark wie es ein Double oder Triple under macht. Das vermehrte Training des Oberkörpers spielt bei den Sprüngen im Bereich Gymnastics eine wichtige Rolle. Auch ein Seil, welches integrierte Gewichte hat, verstärkt den Trainingseffekt des Oberkörpers. Außerdem muss der Rumpf besonders bei asymmetrischen Übungen, also zum Beispiel auch bei einem Knee up, besondere Haltearbeit leisten und wird besonders während solcher Sprünge automatisch mittrainiert.

Ebenfalls ein großer Pluspunkt der Sportart ist, dass es generell im Rope Skipping, insbesondere nach ausreichendem Aufwärmen, ein sehr geringes Verletzungsrisiko gibt. Im Gegensatz zum klassischen Joggen ist es gelenkschonender für Knie und Sprunggelenke, da die Sprünge auf dem Vorfuß abgefedert werden. Beim klassischen Joggen von Freizeitsportlern ohne Vorfußlauf kommt durch die Ferse als ersten Bodenkontakt deutlich mehr Druck auf die Knie und Hüftgelenke.

Wenn Sie Seilspringen nicht als einziges Training absolvieren möchten, können Sie beispielsweise Sprungeinheiten in Ihr HIIT (Hochintensives Intervalltraining) oder in Ihr Zirkeltraining einbauen (siehe Kapitel Do-it-yourself / Trainingsvorschläge)

Nicht zu vergessen sind die positiven Auswirkungen auf Ihr Gemüt. Bewegung schüttet Endorphine aus und macht uns glücklich. Kennen Sie das Gefühl dieser inneren, tiefsten Zufriedenheit, wenn Sie Ihr Sportprogramm durchgezogen haben? Schließlich gibt es keine Ausreden beim Seilspringen wie „der Weg ins Fitnessstudio ist zu lang" oder Ähnliches. Sie können überall, ob zu Hause, im Hotelzimmer oder bei einer Joggingrunde, Ihr Seil auspacken und drauf losspringen.

Teamplayer oder Einzelkämpfer

Beim Rope Skipping kommen Sie als Teamplayer und als Einzelkämpfer auf Ihre Kosten.

Es gibt Sprünge als Pärchen wie beispielsweise bei der Mühle („Wheel"). Hier hat jeder Springer ein Seilende von sich selbst und das andere Seilende von dem Partner in der Hand. Die Seile schlagen abwechselnd in gleichmäßigem Tempo in dieselbe Richtung, was von der Seite aussieht wie eine Mühle. Eine andere Art, als Paar zu springen, nennt sich Pair interaction. Hier haben die Partner entweder ein Seil zu zweit und dieses wird auch von beiden geschwungen oder nur ein Partner hat das Seil und springt um den anderen Partner ohne Seil herum. Wem hier etwas die Vorstellungskraft fehlt, kann gern die Sprungnamen im Internet eingeben und findet sicherlich einige erstaunliche Videos. Auch auf vielen der heutzutage gängigen Medienplattformen lassen sich zahlreiche Videos zum Thema Rope Skipping und Jump Rope finden.

Wenn mehr Springer zur Verfügung stehen, kann man zum Beispiel Double Dutch springen. Hierfür muss man mindestens zu dritt sein – in zwei Schwinger und einen Springer aufgeteilt.

Bei einer Springeranzahl ab fünf kann man eine Box aus Seilen gestalten oder einen Rainbow mit drei oder vier verschiedenen Seilgrößen, die alle ineinander schwingen und so an einen Regenbogen erinnern.

Als einzelner Springer lassen sich die Sprünge von einfachsten Grundsprüngen bis ins Unendliche des Schwierigkeitsgrades und der Schnelligkeit steigern. Und wenn kein Sprung mehr zu kompliziert ist, erfindet man selbst einen neuen.

Auch durch das Verwenden von unterschiedlichen Seilen können manche Sprünge einfacher ausgeführt werden.

Als Paradebeispiel lassen sich die klassischen Wettkampfdisziplinen nennen, bei denen es teils um Schnelligkeit und teils um Kreativität sowie um den Schwierigkeitsgrad geht.

Rope Skipping als Wettkampfsportart

Auch in Deutschland gibt es inzwischen Wettkämpfe im Bereich Rope Skipping. Diese werden, wie in den restlichen Turnbereichen, zuallererst in Geschlechter unterteilt sowie natürlich in Einzel- oder Gruppenwettkämpfe und im Detail in Altersklassen. Teilweise werden sie zusätzlich in Schwierigkeitsgrade eingeteilt.

Bei den Einzelwettkämpfen gilt „Speed" als eine der typischen Disziplinen. Dabei sieht der Springer aus, als würde er auf der Stelle rennen.

Die Knie werden nach vorne Richtung Brust abwechselnd hochgezogen und das Seil muss unter jedem Fuß durchgeschlagen werden. Von den Kampfrichtern, die im Wettkampf als Schiedsrichter agieren, wird immer der Bodenkontakt des rechten Fußes gezählt. Die innerhalb der vorgegebenen Zeit absolvierten Sprünge werden dann dokumentiert. Die gängigen Zeitvorgaben sind hierbei 30 Sekunden, 60 Sekunden und 120 Sekunden.

Im folgenden Abschnitt habe ich Ihnen ein paar Wettkampfergebnisse und Weltrekorde im Rope Skipping aufgelistet.

Joey Motsay sprang 2009 ohne Pause insgesamt 33 Stunden und 20 Minuten Seil. Daran denken Sie wieder, wenn Sie sich nach 10 Minuten Springen am Stück völlig außer Atem und verschwitzt eine wohltuende Pause gönnen, einfach unglaublich.

In 30 Sekunden Single Rope Double under springen sehr gute Springer zwischen 70 und 90 Sprüngen.

In 30 Sekunden Speed können circa 70 bis 95 Sprünge durchgeführt werden.

Innerhalb von 180 Sekunden Speed sind circa 350 bis 440 Sprünge möglich.

Die oben genannten Daten wurden alle aus deutschen Wettkämpfen dokumentiert. Die Zahlen unterscheiden sich natürlich noch zwischen Männern und Frauen.

Ein chinesischer Springer erreichte 2015 den Weltrekord mit 108 Sprüngen in 30 Sekunden.

Ebenfalls auf Zeit wird im Wettkampf Double under gesprungen. Der Springer schlägt das Seil zweimal innerhalb einer Sprungphase unter den Füßen durch. Dieser Vorgang zählt als einen Sprung. Meist wird dieser Sprung für 30 Sekunden durchgeführt. Auch hier wird wieder von den Kampfrichtern gezählt und die Anzahl dokumentiert.

Im Freestyle, welcher ebenfalls einen charakteristischen Teil der Einzelwettkämpfe darstellt, wird am meisten Kreativität benötigt. Jeder Teilnehmer bereitet seine eigene Kür im Training am besten schon Wochen vor dem Wettkampf vor, wählt Musik dazu aus und führt diese möglichst fehlerfrei am Tag des Wettkampfs auf. Auch hier gilt es, wieder bestimmte Vorgaben, wie die Dauer der Kür, einzuhalten und eine vorgegebene Fläche mit den ausgewählten Sprüngen auszufüllen.

Bei den Wettkämpfen wird für das Startsignal einen darauf angepasster Track abgespielt. Es gibt für jede Disziplin, die auf Zeit gesprungen wird, einen bestimmten Track. Diese können Sie ebenfalls auf der Seite des Deutschen Turnerbundes abspielen lassen (Deutscher Turner-Bund e. V.: Speed-Tracks (dtb.de)).

Die Ausschreibungen der Wettkämpfe auf Gau- und Landesebene sind auf den Homepages des jeweiligen Turnerbundes ersichtlich, die Termine der Weltmeisterschaft finden Sie auf der Homepage des Deutschen Turnerbundes. Dort stehen auch Vorgaben und Richtlinien für die Anmeldung und Qualifizierung.

KATJA EDEN

Freizeitsport, Showgruppen, Camps und Turnfeste

Rope Skipping ist eine wunderbare Freizeitsportart. Dabei gibt es für die Sportart keine Altersbegrenzung. Jeder, dem es Spaß macht, kann diese ausüben.

Inzwischen wird sie in mehreren Sportvereinen angeboten. In Vereinen gibt es am häufigsten

Gruppen für Kinder und Jugendliche. Ab circa 5 Jahren kann Rope Skipping für Kinder angeboten werden. Auch hier kommt es nicht auf das Alter oder die Körpergröße der Springer an, sondern eher auf den Schwierigkeitsgrad, der gesprungen werden kann. So können fortgeschrittene Springer schwierigere Figuren üben und Anfänger die Basics festigen. Andererseits kann eine gemischte Gruppe sehr voneinander profitieren. Dies ist ein guter sozialer Aspekt, um gemischte Gruppen für Kinder anzubieten. Die Fortgeschrittenen helfen den Anfängern, welche von den Fortgeschrittenen einiges abschauen und erlernen können. Beide Seiten profitieren demnach von einer gemischten Gruppe. Außerdem wird man gemeinsam kreativ und erschafft neue Figuren, Sprünge und Choreografien, denn für gewisse Kombinationen oder Figuren sind kleine, leichte Kinder oder eben große, stärkere Jugendliche von Vorteil.

Auch für Showgruppen sind gemischte Gruppen aus Anfängern und Fortgeschrittenen sinnvoll. Die Kinder freuen sich natürlich, ihre erlernten Sprünge und Abfolgen aufführen zu dürfen, und jeder von ihnen ist stolz auf das, was er gelernt hat und zeigen kann. Deshalb ist es sinnvoll, auch den „Anfängern" Raum bei Auftritten zu geben. Natürlich ergibt der Aufbau von leicht zu komplex der Sprünge und Choreografien auch bei Auftritten und Shows Sinn. So sehen die Zuschauer, wie die Anfänge sind und wie sich die Sprünge immer weiter steigern lassen.

Ein wichtiger Teil der Show ist sicherlich die Musik. Es macht einen ganz anderen Eindruck, wenn die Musik mit jedem Schlag zu den Sprüngen und dem Geschehen auf der Bühne passt. Wenn es ruhiger wird, sollte auch mit den Seilen auf der Bühne etwas langsamer und ruhiger gesprungen werden oder sogar gar nicht mehr gesprungen werden. Für einen Zwischenteil bieten sich nämlich besonders die Non-Jumping-Techniken an (siehe Kapitel Do-it-yourself). Wenn die Musik laut und dominant ist, sollte auch mit den Seilen „die Post abgehen". Was bei Shows wirklich den entscheidenden Eindruck macht, sind die Übergänge, die von Choreografie zu Choreografie überleiten sollen. Oft stellen die Seilwechsel der Springer nämlich eine kleine „Unterbrechung" oder „Störung" dar, die es gilt. gut zu überbrücken, sodass der Zuschauer immer irgendwo auf der Bühne etwas zu sehen hat, was ihn fesselt, um die

Seilwechsel der restlichen Springer am anderen Ende der Bühne in den Schatten rücken zu lassen.

Ebenfalls ist es schön, bei Auftritten die komplette Bandbreite des tollen Sports zu zeigen. Von Einzelsprüngen über synchrone Choreografien, Paarsprünge und Gruppenchoreografien.

Um den Gruppenzusammenhalt zu verbessern, kann man als Wettkampf-, Show- und Freizeitgruppe an Rope-Skipping-Camps und Turnfesten teilnehmen.

Die Rope-Skipping-Camps sind ganz typisch für diese Sportart, was vermutlich ebenfalls von Amerika zu uns übertragen wurde.

Ein Camp könnte beispielsweise so aussehen: Die angemeldeten Gruppen eines Landesturnverbandes treffen sich für vier bis fünf Tage, um miteinander zu trainieren, voneinander zu lernen, Spaß zu haben und irgendwie den angekündigten Muskelkater zu überstehen.

Die Unterbringung kann meist in Schulen gewährleistet werden. Die Klassenzimmer sind die Schlafräume, es gibt Duschen, Toiletten und optimalerweise einen Essbereich, eine Cafeteria oder Ähnliches.

Über die Dauer des Camps gibt es einen straffen Trainingsplan, der dem einen oder anderen schon am zweiten Tag starken Muskelkater beschert. Man lernt nicht nur viele neue Gleichgesinnte kennen, sondern auch neue Sprünge und Figuren dazu.

Zum Abschluss des Camps kann eine Campshow für Eltern, Freunde und Interessierte präsentiert werden, bei der jeder zeigen kann, was er Neues gelernt hat.

Meist wird über die Trainingstage auch eine sogenannte Camproutine geübt, bei der alle Teilnehmer dieselbe Sprungreihenfolge erlernen und diese am Ende so synchron wie möglich aufführen. Dafür bekommen alle die gleichen T-Shirts, die die Springer behalten dürfen und sie noch lange an die tolle, aber auch sehr anstrengende Zeit erinnern sollen.

Zurück zu Hause im Verein können die Springer, die an dem Camp teilgenommen haben, den Daheim-Gebliebenen die neu erlernten Sprünge und Tricks zeigen und lehren. So wird das Können automatisch weitergegeben und die Motivation immer wieder neu entflammt.

Die Turnfeste werden von den Landesverbänden veranstaltet und erfordern eine langfristige und ausgefeilte Organisation, denn wenn über ein Wochenende circa 5000 Turnerinnen und Turner die Veranstalterstadt stürmen, muss jedes Detail geplant sein. Es wäre nicht das erste Mal, dass die Züge überfüllt sind oder dass das Duschwasser zum Ende hin so kalt wird, dass man sich wundert, dass noch keine Eiswürfel aus der Leitung purzeln. Aber auch gerade diese Erlebnisse machen die Turnfeste aus.

Es gibt abwechselnd Landeskinder- und Landesturnfeste sowie das Deutsche oder auch Internationale Turnfest. Hier wird für alle Teilnehmer die volle Bandbreite an Bewegung angeboten und es lässt sich sicherlich für jeden etwas Passendes finden.

Gruppen können sich als Showgruppen bewerben, an Workshops teilnehmen, sich für Wettkämpfe anmelden oder an Spaß-Wettkämpfen teilnehmen. Natürlich gibt es bei jedem Turnfest eine speziell ausgedachte Choreografie als „Turnfest-Tanz". Dieser wird immer wieder zwischendurch getanzt und es ist einfach ein unglaubliches Gefühl, wenn eine riesige Menge Kinder,

Jugendliche und natürlich auch Helfer und Trainer einen Flashmob „auf das Parkett legen".

Den ganzen Tag gibt es Sportangebote auf dem Sportgelände und abends schließt man den Tag mit einer Party ab. An einem der Abende stellt sich die Stadt vor, in der das nächste Landeskinder- oder Landesturnfest stattfindet. Diese beiden werden im Wechsel ausgetragen.

Die Unterbringung der vielen Teilnehmer wird auf die Schulen der Stadt verteilt. Oft teilen sich mehrere Vereine ein Klassenzimmer. So lernt man schnell viele andere sportbegeisterte Kinder, Jugendliche und Trainer kennen. Die Turnfestabende und teilweise auch -nächte sind wirklich legendär. Das müssen Sie einfach mal selbst miterlebt haben.

An diese besondere Zeit erinnern sich die Vereine meist noch lange gern zurück.

Von der Theorie zur Praxis

AUSRÜSTUNG

Zur Ausrüstung gehört in erster Linie das Seil. Aber es gibt nicht nur ein Seil, sondern viele verschiedene Seile aus verschiedenen Materialien, die demnach auch unterschiedliche Eigenschaften mit sich bringen.

Das **Speed Rope** ist ein aus Kunststoff bestehendes Seil. Es ist circa halb so schwer wie das Beaded Rope und sollte sich beim Springen im Griff frei drehen lassen. Mit diesem Seil lassen sich gut hohe Geschwindigkeiten trainieren. Ein weiterer Qualitätstest ist, dass es sich bei Zug nicht mehr als höchstens 2 cm dehnen lassen sollte. Generell ist es gut, wenn es sich eher fest anfühlt.

Dieses Seil gibt es mit Standardgriffen oder verlängerten Griffen, die besonders für „Crisscross"-Variationen sinnvoll sind, da diese als Verlängerung der Arme dienen sollen. Das Seil mit verlängerten Griffen nennt sich Long Handle.

Das **High Speed Rope** und das **Wire Rope** sind im Wesentlichen für Wettkämpfe gedacht. Manche der Seile bestehen aus einem inneren Teil, der aus Draht besteht, und einem äußeren Teil aus Kunststoff, der den inneren ummantelt. Am besten sind Seile mit Kugellager, da diese das geringste Risiko bieten, sich zu verdrehen und dadurch wertvolle Zeit zu verschwenden, gerade, wenn man an Wettkämpfen teilnimmt.

Die High Speed und Wire Ropes können aufgrund ihres geringen Gewichts unglaublich schnell werden und sind deshalb nicht für Anfänger oder Ungeübte geeignet. Umso mehr profitieren die Wettkampfteilnehmer davon, da sie dadurch weniger Belastung haben beziehungsweise weniger Kraft im Oberkörper aufwenden müssen.

Das **Beaded Rope** ist ein Seil mit vielen kurzen, harten Kunststoffstückchen, wodurch es sich nicht verdreht. Wenn es beim Springen auf den Boden aufkommt, ist es deutlich lauter als das Speed Rope. Das Seil an sich ist schwerer, weshalb es einfacher ist, langsame Sprünge durchzuführen und trotzdem eine schöne Bogenform hervorzubringen. Außerdem wird dieses Seil bei Pair interaction und Wheel benutzt. Oft sind die Kunststoffteilchen in knalligen Farben, sodass die Seile bei Auftritten einen tollen Wow-Effekt auf das Publikum haben.

Ebenso gibt es Seile, um den Trainingseffekt des Oberkörpers zu fokussieren, die integrierte Gewichte enthalten. Es lassen sich Seile mit Gewichten ausschließlich in den Griffen von Seilen mit komplettem Gewicht im Seil selbst unterscheiden. Um den Oberkörper stärker, aber ausgeglichen zu beanspruchen, wird das Seil mit den verteilten Gewichten empfohlen.

Außerdem gibt es gewobene Seile, die meist aus synthetischem Material bestehen. Der größte Vorteil ist, dass diese nicht schmerzen, wenn man sie abbekommt. Leider sind sie aber zum Schwingen nicht optimal, da der Schwung aus den

Handgelenken nicht ausreicht und deshalb wieder mehr Kraft fordert. Meist werden die gewobenen Seile daher eher als Long Rope oder für den Double Dutch, in dem dann beispielsweise ein Dritter springt, benutzt.

Die Seillänge für ein Seil als Einzelspringer kann wie folgt spezifisch abgemessen werden: Man hält das Seil an den Griffen, ein Griff in der rechten Hand, der andere in der linken Hand, und steigt mit beiden Füßen auf das Seil, welches dann Richtung Achseln gespannt wird. Die Enden der Griffe sollten nahezu die Achseln berühren, jedoch nicht darüber hinausgehen.

Die Speed Ropes werden immer etwas kürzer gemacht als die oben genannte „Formel", da die Körperhaltung beim Speed leicht gebeugt ist und ein kürzeres Seil gleichzeitig weniger Kraftaufwand bei höherer Geschwindigkeit bedeutet.

Beim Kauf ist es wichtig, darauf zu achten, dass die Seile im Griff mit einem kleinen Extraröhrchen und einer Nadel (ähnlich einer Tackerklammer) befestigt sind. So kann man das Seil beliebig kürzen und wieder fixieren, ohne dabei die gute Dreheigenschaft im Griff zu vernachlässigen.

Bei den Beaded Ropes wird einfach der Knoten im Griff gelöst und es können beliebig viele kleine Kunststoffstücke aus- oder aufgefädelt werden, bis die Länge optimal passt.

Die Griffe sind meist ebenfalls aus Kunststoff. Die Oberflächen können glatt sein, leicht geriffelt oder etwas rau. Wer mehr Griff benötigt, kann die Kunststoffgriffe mit Tape umwickeln. Neben den „normalen" Griffen gibt es auch extra lange Griffe, die sich „Long Handle" nennen, wie bei den Speed Ropes schon kurz erwähnt. Diese sind vor allem bei vielen Kreuzsprung-Varianten hilfreich, da sie den Arm des Springers verlängern. Trotzdem ist es ein ganz anderes Gefühl beim Springen und Sprünge müssen mit dem Long Handle meist erst noch mal gründlich geübt werden, auch wenn diese schon mit üblichen Griffen gut umgesetzt wurden.

Eigentlich lässt sich fast überall mit dem Seil trainieren, aber eben nur fast. Es gibt geeignetere Untergründe wie beispielsweise natürlich den Sporthallenboden, der sich super eignet, oder auch Teppichboden, wenn er nicht zu weich ist. Bei häufigem Training auf sehr harten Untergründen wie Stein oder Asphalt können die Gelenke deutlich mehr beansprucht und belastet werden. Außerdem schadet dieser Untergrund auf Dauer den Seilen. Sie rauen stark auf und nutzen sich deutlich sichtbar ab.

An Kleidung eignet sich eigentlich alles. Am besten ist meist relativ körpernahe, enge Kleidung, damit diese sich nicht im Seil verfängt.

Es empfiehlt sich unbedingt, gute Sportschuhe zu tragen, die eine Dämpfung am Vorfuß haben und dem Fuß gute Stabilität bieten.

SPRUNG- UND SCHWUNGTECHNIK

Die Sprungtechnik ist beim Rope Skipping entscheidend. Jedoch ist die Körperhaltung nicht bei allen Sprüngen gleich, aber darauf wird im Verlauf des Textes eingegangen. Die Füße haben immer nur mit dem Vorfuß Bodenkontakt. So kann der Sprung mitunter über die Kniebeugung eingeleitet und beim Aufkommen auf dem Boden wieder darüber abgefedert werden. So gut wie nie berührt der ganze Fuß zwischen zwei Sprüngen den Boden. Dabei würden Sie den Schwung verlieren. Der erste Bodenkontakt findet ausschließlich mit dem Ballen statt. Von dort aus kann der Fuß abgerollt werden. Manchmal kann man eine falsche Sprungtechnik sogar hören, denn wer richtig springt, ist kaum hörbar. Wer dagegen beispielsweise mit dem gesamten Fuß landet, hört sich wie ein Trampeltier an. Zur richtigen Sprungtechnik trägt auch ein passender Boden bei, der etwas federt, wie er zum Beispiel in den meisten Sporthallen zu finden ist. Ein leicht federnder Untergrund hilft auch, dass das Seil nicht am Boden abprallt, sondern über den Boden gleiten kann.

Um Kräfte zu sparen, ist es wichtig, nur wenige Zentimeter hochzuspringen, denn es muss gerade nur das Seil unter den Füßen durchgleiten können. Wer auf Dauer zu hoch springt, verliert unglaublich viel Kraft und verschwendet seine Energie. Wer allerdings Double und Triple under springt, merkt, dass man dort tatsächlich höher springen muss als bei den Grundsprüngen beispielsweise.

Um Kräfte zu sparen, kann man den sogenannten Jog-Step springen. Dabei springt man von einem auf das andere Bein, wodurch sich automatisch eine kleine Rechts-/Linksbewegung ergibt. Das zweite Bein unterstützt immer mit einem kurzen Bodenkontakt, übernimmt aber so gut wie kein Körpergewicht.

Die Schwingbewegung beim Speed Rope kommt hauptsächlich aus dem Handgelenk. Die Oberarme sollten so nah wie möglich am Körper bleiben, damit das Seil über dem Kopf eine symmetrische, gleichmäßige Bogenform bilden kann. Nach dem Training von Speed kann es durchaus sein, dass Ihre Unterarme „brennen" und am nächsten Tag dort auch Muskelkater spürbar sein wird.

Beim Schwingen des Long Ropes oder Double Dutch sollte die Bewegung größer ausgeführt werden und kommt aus dem gesamten Arm, denn gerade, wenn Sprünge aus dem Bereich Gymnastics durchgeführt werden, sind die Schwinger gefragt, die sich an das Tempo des Springers und die Größe der Bewegung anpassen.

Die gesamte Körperhaltung ist bei „normalen" Sprüngen aufrecht, bei bestimmten Figuren auch eher mal etwas gebeugter. Speziell bei Speed ist es wichtig, sich etwas kleiner zu machen, da dabei tendenziell kürzere Seile verwendet werden, um vor allem Energie und Kraft zu sparen. Die Knie werden dann so schnell wie möglich nach vorne oben Richtung Brust gezogen.

MUSIKAUSWAHL

Die Musikauswahl kann beim Rope Skipping für den Wow-Effekt des Publikums entscheidend sein. Wichtig wäre als allererstes, dass der Beat gut hörbar ist und eine angenehme Geschwindigkeit für das Springen hat, denn auch durch extrem langsames Springen verschwendet man unglaublich viel Energie. Der beste Bereich liegt zwischen 125 und 150 bpm. Die meisten Anlagen haben heutzutage auch einen Regler zur Anpassung der Geschwindigkeit. So können Sie gut ausprobieren, in welchem Bereich es für Sie am angenehmsten zu springen ist.

Mithilfe der Musik kann so viel ausgedrückt werden. Sie macht Bewegungen größer, mächtiger und verstärkt Emotionen.

Auch das Rhythmusgefühl birgt für einige Menschen eine besondere Herausforderung und kann anfangs etwas Übung benötigen.

Do-it-yourself

Bevor mit den ersten einfachen Sprüngen begonnen werden kann, ist das Aufwärmen des gesamten Körpers sehr wichtig. Dadurch wird, wie im Kapitel Prävention, Gesundheit und Fitness erwähnt, das Verletzungsrisiko reduziert.

Zunächst sollte der gesamte Körper durch zum Beispiel leichtes Joggen oder schnelles Gehen, was gelenkschonender ist, etwas erwärmt werden. Ansonsten können Bewegungen und Variationen im Gehen als Aufwärmen dienen. Dazu können Sie schnell vorwärtsgehen, rückwärts und seitwärts. Wer mag, macht Seitgalopp, zieht die

Knie abwechselnd weit nach oben und dann die Fersen Richtung Po. Die Übungen sind sowohl im Gehen als auch im Laufen gut machbar.

Danach werden die verschiedenen Muskelgruppen noch spezifischer aufgewärmt.

Im Stehen drücken Sie sich auf die Zehenspitzen hoch und sinken mit der Ferse langsam wieder auf den Boden.

Des Weiteren kann man klassische Kniebeugen durchführen und schließlich beide Übungen miteinander kombinieren. Die Hüfte kann abwechselnd in beide Richtungen gekreist werden. Auch Ausfallschritte können als Aufwärmübung gute Dienste leisten.

Bei den Übungen ist immer auf eine einwandfreie Ausführung zu achten.

Für die Arme kreisen Sie zuerst beide Arme abwechselnd nach vorne und wechseln nach mehreren Kreisen die Richtung. Auch die Handgelenke sollten unbedingt durch „Kreisen" aufgewärmt werden.

Nicht nur das Aufwärmen ist wichtig, auch spezielle Stabilisationseinheiten für beispielsweise die Sprunggelenke sind unerlässlich.

Hierfür üben Sie den Einbeinstand in allen möglichen Variationen. Den können Sie auch täglich während des Zähneputzens üben. Am besten ist, Sie fahren mit dem angehobenen Fuß eine Bewegung in die Luft wie zum Beispiel eine liegende Acht oder den eigenen Namen. Auch das Verändern der Unterstützungsfläche, wie auf weichen Matten, auf dem Sofa oder auf einem Luftkissen zu stehen, erschwert die Übung und lässt den Fuß beziehungsweise die Fuß- und Unterschenkelmuskeln komplex arbeiten. Durch das ewige Tragen von Schuhen und Laufen auf plattem Asphalt verlernen unsere Füße nämlich mit der Zeit ihre ursprüngliche Funktion, Flexibilität und Kraft.

Anders als Stabilisationsübungen sollte, je nach Sprüngen, die trainiert werden, vor der Trainingseinheit nur dynamisch federnd gedehnt werden, um die Spannung im Muskel beizubehalten. Wer allerdings Gymnastics in seinem Training integriert, muss darauf achten, ausgiebig zu dehnen, um keine Zerrung zu riskieren.

Bei einem Anfänger-Training reicht es, eine kurze Dehneinheit einzuschieben.

Hierfür kann man im Stand die Arme nach oben nehmen und sich einfach mit abwechselnden Armen nach oben strecken.

Ebenfalls im Stand beide Arme zur Seite öffnen und so weit wie möglich nach hinten ziehen. Der Kopf bleibt hierbei aufgerichtet. Danach dieselbe Übung mit veränderter Armstellung. Die Arme ergeben eine Diagonale, das heißt, ein Arm streckt beispielsweise nach rechts oben und der andere nach links unten. Danach wird wieder gewechselt.

Außerdem sehr wichtig ist die Dehnung der Handbeuger und -strecker.

Hierfür einen Arm nach vorne ausstrecken und die Hand Richtung Handfläche oder Handrücken einklappen. Die andere Hand hilft hier, in die maximal mögliche Beugung oder Streckung zu kommen.

An den Beinen sollten die Waden dynamisch gedehnt werden, indem man mit einem Ausfallschritt nach vorne geht. Das vordere Bein ist gebeugt, das hintere gestreckt und die Ferse berührt den Boden. Wenn kein Dehnzug in der hinteren Wade spürbar ist, sollte der Ausfallschritt vergrößert werden. Auch hier wird federnd gedehnt, das heißt, die Ferse berührt den Boden und wird dann wieder wenig vom Boden angehoben, indem über den Vorfuß abgerollt wird.

Die ausführlichere Beschreibung der Dehnungen stehen im Unterkapitel Trainingsvorschläge im Bereich Cool-down.

Wie oben schon erwähnt, sollten diese Dehnungen vor einem Anfänger-Training nicht statisch und bis zum Maximum gehalten werden, sondern dynamisch und federnd. Das heißt, man bewegt sich immer etwas mehr Richtung Maximalstellung und gibt dann wieder etwas nach, ohne die Maximalstellung für längere Zeit zu halten.

ON-JUMPING-TECHNIKEN

Mit den folgenden Non-Jumping-Techniken tasten wir uns langsam an das Handling mit dem Seil heran. Diese eignen sich besonders für Anfänger oder können gut in ein Freestyle integriert werden.

Der Name dieser Sprung-Gruppe erklärt sich im Prinzip von allein. Es sind „Sprünge", bei denen nicht über das Seil gesprungen werden muss.

Bei der **Windmill** werden beide Griffe des Seils in einer Hand gehalten. Das Seil schwingt entweder auf der Seite der Hand, die beide Griffe hat, oder auf der Gegenseite, was auch abwechselnd ausgeführt werden kann.

Wird die Windmill in eine Kür integriert, wird dies bei einmaliger Ausführung meist **Side Swing** genannt.

Weitere Techniken sind die **Wraps**. Sie können Arm Wraps und Leg Wraps ausführen. Das Seil wird nach vorne geschwungen und um einen Arm oder ein Bein gewickelt, wieder abgewickelt und weiter geschwungen. Das Weiterschwingen kann auch als Richtungswechsel genutzt werden. Wickeln Sie also das Seil nach einem Sprung vorwärts auf, kommt es nach dem Abwickeln automatisch von vorne nach hinten, was bedeuten würde, dass Sie rückwärts weiterspringen.

Weitere **Non-Jumping-Techniken** sind **Releases**. Ein Seilende wird aus verschiedenen Ausgangsstellungen losgelassen oder geworfen und dann wieder gefangen. Diese Technik kann direkt von Sprüngen umschlossen werden, was sehr spektakulär aussehen kann. Es ist aber auch mit einem Risiko verbunden, denn egal, wie oft Sie die

Releases geübt haben, wenn Sie bei einem Auftritt aufgeregt sind und das Seilende dann doch nicht fangen, unterbricht dies irgendwie den Fluss beim Springen.

Um sich an die Sprünge heranzutasten, kann man den **Step Through** üben.

Hierbei wird das Seil normal gehalten, also jeder Griff in seiner Hand. Ein Arm wird eher auf Kopfhöhe gehalten, der andere auf Schritthöhe. Sie steigen mit einem Bein auf der einen Seite sozusagen ein und das Seil schwingt hinten um Sie herum, sodass Sie wieder auf der anderen Seite aussteigen können. Wer sich hierbei sicher fühlt, kann sich währenddessen um sich selbst drehen, entweder eine 180°- oder direkt eine 360°-Drehung.

JUMPING-TECHNIKEN

Nun kommen wir zu den ersten Sprüngen.

Die einfachsten Sprünge sind der Easy Jump und der Double Bounce.

Beim **Easy Jump** springen Sie jedes Mal über das Seil, welches eher eine schnellere Geschwindigkeit hat, die aber auch im Verlauf gesteigert werden kann, sodass Sie trotzdem die Möglichkeit haben, langsam zu starten.

Der **Double Bounce** beinhaltet einen sogenannten Zwischensprung, bei dem das Seil nicht unter den Füßen durchschlägt. Er ist tendenziell deutlich langsamer als ein Easy Jump und da in der langen Pause ansonsten der Schwung verloren geht, wird ein Zwischensprung eingebaut.

Der **Jog-Step** ist ein Kräfte-sparender Sprung, den ich schon im Unterkapitel Sprung- und Schwungtechnik aufgegriffen habe. Sie springen von einem auf das andere Bein, wobei das zweite Bein immer unterstützend den Boden berührt.

Mit dem **Foot Catch** kann man das Seil gezielt stoppen. Wenn das mehrere Springer gleichzeitig ausführen, sieht allein dieser „Sprung" wirklich toll aus.

Natürlich können alle drei vorgestellten Grundsprünge auch rückwärts gesprungen werden. Als erste einfache Abfolge an Sprüngen können Sie die drei Grundsprünge miteinander verbinden, was durch den Wechsel der Geschwindigkeit für den Anfang gar nicht so einfach ist.

Das waren die wichtigsten Basics, nun folgen einige Beinkombinationen.

Eine der einfachsten Beinkombinationen ist der „Hampelmann", auch **Side Straddle** genannt. Sicherlich kennen Sie diesen Sprung schon ohne Seil. Die Arme schwingen das Seil weiter und die Beine öffnen seitlich und schließen wieder. Bei jedem Seildurchschlag öffnen und schließen die Beine. Eine Erweiterung dieses Sprungs ist der **X-it**. Hierbei werden die Beine, nachdem sie im Hampelmann geöffnet wurden, beim Schließen nicht nur zueinander geführt, sondern sogar überkreuzt.

So ähnlich funktioniert auch der nächste Sprung **Straddle forward**, der auch unter dem Namen Hampelmann vor-und-zurück bekannt ist. Der Unterschied besteht darin, dass die Beine sich abwechselnd nach vorne und hinten öffnen und wieder in der Mitte schließen.

Bei einem verwandten Sprung, dem **Heel Tap**, wird zum Beispiel nur ein Fuß nach vorne bewegt und mit der Ferse auf dem Boden aufgetippt, wieder angezogen, ein Easy Jump ausgeführt und die Seite gewechselt.

Hat die Ferse vorne keinen Bodenkontakt und der Fuß wird nur nach vorne gekickt, nennt sich der Sprung naheliegend **Kick**.

Beim **Skier**, der teilweise auch **Slalom** genannt wird, stellt sich der Springer vor er stehe auf einer Linie und springt dann mit beiden Beinen einmal rechts und das nächste Mal links von der Linie entlang. Bei jedem Sprung wird das Seil unter den Füßen durchgeschlagen.

Der **Twist** ähnelt am ehesten dem Slalom/Skier. Der Springer bleibt mit beiden Füßen aber konstant in der Mitte und rotiert mit dem Unterkörper nach rechts und links, sodass die Fußspitzen abwechselnd nach rechts und links zeigen.

Der **Knee up** ist ebenfalls häufig Teil von Choreos. Dazu ziehen Sie abwechselnd im Sprung ein Knie Richtung Brust, setzten das Bein wieder ab und wechseln die Seite. Auch hier findet bei jedem Seildurchschlag eine Aktion statt, das heißt Knie hoch, einmal zusammenspringen und anderes Knie hoch. Während das eine Knie angezogen ist, springen Sie praktisch auf einem Bein. Knee up lässt sich schnell und langsam springen, wobei die schnelle Variante deutlich einfacher ist.

Wird der Sprung Knee up mit einer Art Kick (Bein sollte höher gekickt werden als bei dem oben beschriebenen Kick) verbunden, entsteht der sogenannte Can, der tatsächlich an die

Funkenmariechen im Kölner Karneval erinnert. Zwischen den beiden Sprüngen tippt der Fuß einmal in der Mitte auf den Boden, übernimmt aber kein Körpergewicht.

Der nächste Sprung nennt sich **Boxer**. Es ist wieder eine Art Einbeinsprung, jedoch wird das angehobene Bein diesmal nicht nach vorne, sondern das Knie im 90°-Winkel nach hinten gebeugt. So springen Sie 2-mal über das Seil und dies wird als ein Boxer gezählt.

Dies waren die einfachsten Beinkombinationen im Rope Skipping.

Weiter geht es mit Armkombinationen

Die simpelste Armkombination ist das klassische **Kreuz**, auch **Criss Cross** genannt.

Hierfür kreuzen sich Ihre Unterarme auf Höhe des Bauchnabels. Wichtig ist, dass die Griffenden des Seils zu sehen sind, wenn Sie mit dem Rücken zu einer anderen Person stehen, denn nur so kann das Seil um Sie einen schönen Bogen formen und Sie bleiben nicht hängen. Um dies zu erleichtern, gibt es die Long Handle Ropes, die beim Thema Ausrüstung vorgestellt wurden. Sie springen einmal mit gekreuzten Armen und öffnen diese wieder. Derselbe Sprung ist natürlich auch rückwärts durchführbar, wobei dies schon etwas mehr Übung erfordert.

Ebenso kann der Kreuzsprung vorwärts durchgeführt werden, während die Arme hinter dem Körper gekreuzt werden.

Wird der Criss Cross mit dem Side Swing verbunden, nennt er sich Side Swing Criss Cross und sieht für Zuschauer zugegebenermaßen kompliziert aus. Auf einen Side Swing folgt ein Criss Cross und darauf wieder einen Side Swing. Am besten wechseln Sie die Seite des Side Swings. Das macht die Abfolge noch abwechslungsreicher.

Sie sehen: Es gibt unzählige Abwandlungen und Varianten, die Sie ausprobieren, üben oder selbst erfinden können.

Wieder eine Art Kreuz ist der „**eb**". Hierbei wird ein Arm vor und der andere Arm hinter dem Körper gekreuzt. In der Vorbereitung der Kreuzung der Arme entsteht automatisch ein **Side Swing**, das heißt, dass das Seil seitlich am Körper vorbei-schwingt und theoretisch nicht übersprungen werden muss. Trotzdem springt man am besten weiter, um einerseits den Takt und andererseits den Schwung nicht zu verlieren. Außerdem ergibt es ein schöneres Gesamtbild, falls dieser Sprung Teil einer Choreografie wird, wenn alle synchron weiterspringen und nicht einfach stehen bleiben.

Noch eine weitere Abwandlung des klassischen Kreuzsprungs ist der **Toad**, der den Schwierigkeitsgrad deutlich anhebt. Diesmal werden zwar beide Arme wieder vor dem Körper gekreuzt, aber ein Arm wird unter dem gegenüberliegenden Bein gekreuzt, wodurch wieder eine Art Einbein-Sprung entsteht, was die Ausführung zusätzlich erschwert. Generell ist es beim klassischen Kreuz egal, welcher Arm oben und unten kreuzt, also welcher direkt am Bauchnabel kreuzt und welcher körperfern. Beim Toad allerdings kann nur der körpernahe Arm unter dem Bein kreuzen. Sie sollten sich deshalb vorher genau überlegen, welcher Arm körpernah sein wird und welches Bein dann angehoben werden muss. Ein guter Tipp ist es, den unter dem Bein gekreuzten Arm bis weit Richtung Kniekehle des angehobenen Beins zu schieben, um den Platz im Seil möglichst groß zu machen, so-dass die Chance größer ist, den Sprung zu vollenden, ohne hängen zu bleiben. Außerdem empfehle ich Ihnen, die Sprung- beziehungsweise die

Schwungabfolge vor dem ersten Versuch einige Male „trocken", also ohne Seil zu üben. Das Gehirn lernt nämlich die Abfolge mit zunehmender Wiederholungszahl und merkt sich das Gefühl der Bewegung, bis Sie irgendwann gar nicht mehr darüber nachdenken müssen, sondern einfach darauf losspringen können.

Möchten Sie das linke Bein anheben, muss der rechte Arm körpernah gekreuzt werden und wenn Sie unter dem rechten Bein kreuzen, muss der linke Arm körpernah positioniert werden.

Das Öffnen dieses Sprungs scheint ein bisschen, als wäre es ein Sprung nach vorne, da man von dem einen Bein, welches noch Bodenkontakt hatte, auf das andere Bein, unter dem gekreuzt wurde, springt.

Beim **Inverse Toad** wird der kreuzende Arm von außen unter dem gleichseitigen Bein durchgeführt.

Der **Crougar** wird ebenfalls in Arm- und Beinkombination ausgeführt. Ein Arm wird unter das gleichseitige Bein geführt, beziehungsweise das Bein wird angehoben und Sie springen in dieser Position einmal über das Seil. Um den Sprung aufzulösen, führen Sie einen Side Swing zur gegenüberliegenden Seite aus.

Für Koordinationsprofis lässt sich aus den beiden letzten Sprüngen eine Kombination erstellen, die sich „Brezel" nennt.

Wer die verschiedenen Arm- und Beinkombinationen vermischt, kann unzählige Sprünge kreieren. Dafür bietet sich beispielweise ein Criss Cross mit gekreuzten Beinen an oder ein Twist oder Slalom ebenfalls mit gekreuzten Armen. Ihnen und Ihrer Kreativität sind keine Grenzen gesetzt.

Grundsätzlich ist zu allen Sprüngen zu sagen, dass jeder meist eine „bessere" Seite hat und oft beherrscht man die Sprünge vor allem anfangs nur auf einer Seite. Deshalb ist es wichtig, alle Sprünge auf beiden Seiten zu üben. Es fordert die Koordination nämlich noch mal deutlich mehr, als sich immer nur mit der „guten" Seite zufriedenzugeben.

Bevor Ihnen die Hände komplett verknoten, wechseln wir zu der Rubrik Drehungen.

Die am häufigsten durchgeführte Drehung ist die 180° Drehung mit Schwungrichtungswechsel.

Sie ist sowohl mit dem easy jump als auch mit dem Double Bounce möglich. Nach einem Sprung vorwärts wird ein Side Swing eingeleitet, dem der Körper um 180° folgt. Das Seil schwingt nun ganz automatisch rückwärts. Hier können Sie nach einem oder mehreren Sprüngen rückwärts wieder einen Side Swing einleiten, im Optimalfall in dieselbe Richtung, sodass Sie insgesamt eine ganze 360° Drehung gemacht haben. Sind Sie vorne angekommen, merken Sie, dass das Seil nun wieder von vorne kommt und Ihnen gar nichts anderes übrig bleibt, als vorwärtszuspringen.

Der nächste Sprung ist ein einfacher Grundsprung, wird durch die Schnelligkeit aber eine echte Herausforderung – **Double** und **Triple under**. Dafür sollte der Springer etwas höher als gewöhnlich springen, damit das Seil zwei- oder dreimal unter den Füßen durchgeschlagen werden kann. Gleichzeitig müssen die Arme deutlich beschleunigen und das Timing für den Sprung muss hier passen, damit nicht zu viel Kraft verschwendet wird.

Ebenso auf die Schnelligkeit kommt es bei der Wettkampfdisziplin **Speed** an, die im Kapitel Wettkampfsport etwas näher beschrieben wurde.

Wenn Sie alle oben genannten Sprünge beherrschen, können Sie sich schon als Fortgeschrittenen bezeichnen.

Kommen wir zu den Partnersprüngen. Es gibt verschiedene Varianten, bei denen ein Paar ein oder zwei Seile benutzen (siehe Kapitel Teamplayer oder Einzelkämpfer).

Wenn ein Seil zu zweit benutzt wird, nennt sich dies **Pair Interaction**. Dabei kann ein Partner beide Seilenden oder jeder Partner eines der Seilenden greifen.

Hat ein Partner beide Enden, springt er zum Beispiel normal auf der Stelle. Der andere Partner springt zu dem springenden Partner vorne oder hinten mit in das Seil. Genauso ist es auch andersherum möglich, sodass der springende Partner den anderen einfängt. Dies ist mit vorwärts- und rückwärtslaufendem Seil möglich sowie von vorne und hinten oder mit integrierter Drehung.

Wenn beide Partner ein Seilende führen, können beide gleichzeitig im selben Seil springen, sich abwechseln, was wie eine Art Kreuz aussieht, oder ein Partner wird nur als Schwinger genutzt, während der andere eine Arm- oder Beinkombination oder einen anderen Trick ausführt.

Wheel wird eine Partnerübung genannt, bei der beide Partner ein Ende ihres eigenen und ein Ende des Seils ihres Partners in der Hand haben. Sie stehen als Paar nebeneinander. Die Seile kreuzen sich im Bereich zwischen Ihnen und hinter jedem von Ihnen befindet sich im Prinzip ein Seilbogen. Das Schwierigste am Wheel ist der versetzte Einsatz der beiden Seile, denn ein Seil zeigt Richtung Himmel, während das andere auf den Boden schlägt, sodass sie immer entgegengesetzt getaktet sind. In diesem Setting können viele verschiedene Drehungen, Kreuzsprünge und Tricks geübt werden. Auch eine Wheel mit mehr als 2 Springern ist möglich, man könnte zum Beispiel eine lange Reihe bilden.

Nun gehen wir auf eine weitere Rubrik der Sprünge ein. Diese ist nichts für Anfänger und auch für Fortgeschrittene stellen sie eine Herausforderung dar. Bei den **Gymnastics** wird die „Verwandtschaft" zum Turnen deutlich.

Im Wesentlichen sind die folgenden drei Sprünge beziehungsweise Figuren bekannt, natürlich gibt es noch weitere, die hier aber nicht erwähnt werden. Alle drei können im Einzelseil sowie im Long Rope oder Double Dutch ausgeführt werden. Gezieltes und ausreichendes Dehnen ist für die folgenden drei Sprünge sehr wichtig.

Der **Push-up** erinnert an einen klassischen Push-up. Der Springer kommt in die Hocke, springt von dort aus in die Ausgangsstellung eines Liegestützes, von dort aus wieder in die Hocke und weiter in die normale Springposition. Bei jedem Sprung, auch in die Hocke, wird das Seil unter dem Körper durchgeschlagen.

Beim **Split** werden die Beine ähnlich einem tiefen Ausfallschritt oder einem nicht komplett ausgeführten Spagat nach vorne und hinten geöffnet. Beim nächsten Sprung schließen die Beine wieder in der Hocke und Sie können beliebig weiterspringen.

Der **Frog** erinnert an einen Handstand mit eingeklappten Unterschenkeln. Diese sind notwendig, damit ausreichend Schwung für den Sprung von den Händen zurück auf die Beine geholt werden kann. Bei jedem Lagewechsel, also auch von den Füßen auf die Hände und von den

Händen auf die Füße, muss das Seil unter dem Körper durchgeführt werden.

DoubleDutch springen Teams am häufigsten. Es gibt zwei Schwinger, die durch zwei Seile verbunden sind. Beide Seile drehen zur Mitte hin, das heißt, der Schwinger schwingt von oben zur Mitte und von dort nach unten außen und wieder hoch. Darin kann eine Person allein oder mit Speed Rope springen, oder es sind mehrere Springer, die verschiedene Sprünge kombinieren oder sogar Push-up, Split oder Frog zeigen. Das gehört zur Meisterklasse, denn es muss jede Bewegung aller Mitwirkenden sowie das Timing mit dem Seil auf den Punkt genau passen.

Auch ein Cool-down ist nach dem Training dringend zu empfehlen. Es fährt den Körper langsam herunter, die beanspruchten Muskelgruppen werden gezielt gedehnt und das Training wird insgesamt abgerundet, sodass die Regeneration des Körpers unterstützt wird.

Die wichtigsten zu dehnenden Muskelgruppen sind im Oberkörper Nacken-, Brust-, Schulter- und Unterarmmuskulatur. Im Unterkörper sollte die Hüft-, Oberschenkel- und Unterschenkelmuskulatur gedehnt werden.

Die Intensität des Trainings kann durch verschiedene Parameter angepasst werden. Intensiver wird es zum Beispiel durch eine schnellere Geschwindigkeit, ein höheres Seilgewicht, bestimmte anspruchsvolle Sprungtechniken und zunehmender Dauer beziehungsweise die Steigerung der Sprünge, die direkt aufeinanderfolgend ausgeführt werden.

Weniger Belastung kann durch vermehrt verwendete Non-Jumping-Techniken, gedrosselte Geschwindigkeit und geringes Seilgewicht erreicht werden.

TRAININGSVORSCHLÄGE

Eine beispielhafte Trainingswoche mit 4 sehr verschiedenen Trainingseinheiten.

Trainingstag 1
20 Minuten ohne Warm-up und Cool-down
Aufwärmen und leichtes federndes Dehnen

5 Minuten Einspringen:

– Anfänger 30 Sekunden Belastung / 30 Sekunden Pause

– Fortgeschrittene 50 Sek. Belastung / 10 Sek. Pause

Sprünge in der Belastungszeit:

• Easy jump

• Knee up

• Jumping Jack

• Straddle forward

• Kick

11 Minuten Training:

– Anfänger siehe oben

– Fortgeschrittene siehe oben

– Profis ersetzen die Pausenzeiten durch einen Sprung wie beispielsweise Easy Jump (geringere Belastung) oder Double under (höhere Belastung)

• Easy jump

• Speed

• Easy jump

• Double under

- Easy jump
- Speed
- Easy jump
- Double under
- Easy jump
- Speed
- Easy jump

4 Minuten lockeres Springen:
– Anfänger siehe oben
– Fortgeschrittene siehe oben

- Jog Step
- Heel Tap
- Kick
- Easy jump

Cool-down mit Dehnen:
<u>Oberkörper:</u>
<u>Nackenmuskulatur</u>: Den Kopf zur Seite neigen und die Schulter nach hinten unten ziehen. Am besten wird die Hand Richtung Handrücken angezogen, sodass der Zug im Nackenbereich verstärkt wird.

<u>Brustmuskulatur</u>: Legen Sie sich in Rückenlage auf den Boden und stellen die Beine an. Die Arme werden seitlich im 90°-Winkel oder diagonal (wie ein Y) ebenfalls auf dem Boden abgelegt. Die Dehnung sollte im Bereich des Brustmuskels spürbar sein.

<u>Schultermuskulatur</u>: Kennen Sie den Elefanten, dessen Rüssel man als Kind mit den Armen gespielt hat? Diese Ausgangsstellung ist für die Dehnung gut geeignet. Sie müssen sich hier aber nicht an der Nase, sondern am Oberarm fassen, sodass die Dehnung im hinteren Bereich der Schulter ankommt.

<u>Unterarmmuskulatur</u>: Die Durchführung dieser Dehnung wurde schon im Kapitel Do-it-yourself angeschnitten. Ein Arm wird nach vorne ausgestreckt, die andere Hand fixiert die Hand eingeklappt Richtung Handfläche oder -rücken. Je nach Richtung werden die Handgelenkbeuger oder Handgelenkstrecker gedehnt.

Da die Bewegung des Seiles aus dem Bereich des Unterarms und des Handgelenks kommt, ist es wichtig, diese Dehnung regelmäßig durchzuführen.

Unterkörper:

Hüftbeuger: Sie gehen in einen großen Ausfallschritt, das vordere Bein auf dem Fuß mit einem rechten Winkel im Knie, das hintere   Bein können Sie auf dem Knie ablegen. Der Ausfallschritt sollte so groß sein, dass Sie einen Dehnschmerz im Bereich der Leiste des hinteren Beins spüren können. Diese Dehnung kann durch die Aufrichtung des Oberkörpers sowie durch die zusätzliche diagonale Armstreckung verstärkt werden.

Oberschenkelvorderseite: Die Dehnung führen Sie am besten in Seitenlage aus, da dort die geringsten Ausweichmöglichkeiten entstehen. Das untere Bein wird mit gebeugtem Knie nach vorne Richtung Brust angezogen. Die untere Hand kann diese Position fixieren. Dadurch soll das Becken nach hinten gekippt werden, um die Dehnung der Oberschenkelvorderseite zu verstärken. Das andere Knie wird ebenfalls gebeugt, die Ferse wird Richtung Po bewegt und der Unterschenkel von der oberen, noch freien Hand, herangezogen. Die Dehnung sollte in der Oberschenkelvorderseite (teilweise auch in der Leiste) spürbar sein.

<u>Oberschenkelrückseite</u>: Die Dehnung ist im Stand oder im Sitz auf dem Boden möglich. Im Stand überkreuzen Sie Ihre Beine und beugen sich mit geradem Rücken nach vorne oder Sie strecken sich im Langsitz auf dem Boden auch mit geradem Rücken Richtung Zehenspitzen, die zur Verstärkung der Dehnung angezogen sind.

<u>Wadenmuskulatur</u>: Die Wadenmuskulatur lässt sich auch mithilfe eines großen Ausfallschrittes dehnen. Die Ferse des hinteren Fußes muss konstant den Boden berühren. Zur Verstärkung des Effekts können Sie auf einer Treppenstufe stehen und einen Fuß mit der Ferse über die Stufe hinausschieben, sodass die Ferse nach unten sinken kann und ein deutlicher Dehnschmerz spürbar wird. Das Knie muss dabei gestreckt bleiben. Das andere Bein übernimmt das Körpergewicht, steht mit gesamter Fußsohle auf der Stufe und ist im Knie leicht gebeugt.

<u>Schienbeinmuskulatur</u>: Die Schienbeinmuskulatur ist nur selten zu dehnen. Dafür setzen Sie im Stand einen Fuß ohne Körpergewicht mit der Rückseite, also der Oberfläche der Zehen auf, wenn möglich, sogar mit einem Teil des

Fußrückens. Hierbei sollten Sie bereits eine leichte Dehnung auf Höhe des Ristes verspüren können.

Trainingstag 2: HIIT

Ein HII-Training ist für den Organismus sehr anspruchsvoll und belastend, da in den Springphasen wirklich 100 % gegeben werden müssen, damit dieses kurze Training effektiv ist.

Das Aufwärmen kann entweder Springen, Übungen-Ausführen oder Laufen sein. Je nachdem, worauf Sie am meisten Lust haben.

Im Hauptteil wechseln Sprungphasen mit Pausenphasen ab. Falls Sie als Aufwärmen nicht gesprungen sind, bietet es sich an, sich erst zwei bis drei Minuten wieder an das Handling mit dem Seil zu gewöhnen.

Danach startet das eigentliche Training.

Die Belastungsphasen, in den Sprünge durchgeführt werden, sind 30–45 Sekunden lang. Für Anfänger bieten sich 30 Sekunden, für Fortgeschrittene 45 Sekunden an.

Die Pausenphasen liegen zwischen 45 Sekunden und einer Minute. Wer also ein extra intensives Training anstrebt, wählt die Belastungsphase lang und die Pausenphase kurz, wobei Sie immer bedenken müssen, dass Sie in den Belastungsphasen nur alles geben können, wenn Sie sich zwischendurch etwas erholen können.

Führen Sie circa 6 bis 10 Belastungsphasen durch.

Auch nach diesem Training ist die Cooldown-Phase wichtig, um die Belastung kontrolliert herunterzufahren.

<u>Trainingstag 3</u>: Speed-Training

Das Speed-Training ist sehr intensiv und kann gut als Verlaufskontrolle der eigenen Leistung genutzt werden.

Sie können zum Beispiel gewisse Disziplinen alle zwei Wochen auf Zeit springen und diese dokumentieren. So sehen Sie, ob Sie sich verbessern oder Ihre Leistung stagniert. Auch hier ist wieder ausreichendes Aufwärmen das A und O, und auch Einspringen, bei dem Sie die Geschwindigkeit steigern, ist sinnvoll.

Für Anfänger eignen sich die Disziplinen:
• 30 Sekunden Speed

- 30 Sekunden easy jump
- 30 Sekunden Criss Cross

Für Fortgeschrittene eignen sich ebenso die oben genannten Disziplinen plus:

- 60 und 120 Sekunden Speed
- 30 und 60 Sekunden Double under

Natürlich können Sie weitere Disziplinen in Ihre Verlaufskontrolle mitaufnehmen.

Wenn Sie wirklich alles geben wollen, würde ich Ihnen raten, nicht mehr als 10 Minuten an reiner Springzeit zu trainieren.

Danach können Sie immer noch ein paar andere Sprünge in Ihr Training integrieren oder sich locker ausspringen. Vergessen Sie auch hier nicht, Ihr Training mit dem Cool-down abzuschließen.

Trainingstag 4: Mehr Abwechslung geht nicht
➜ Jede Übung wird nur einmal ausgeführt.

Nach dem Aufwärmen und Einspringen startet die 20-minütige Trainingseinheit. Jeder Sprung wird nur einmal durchgeführt. Heute wird es also sehr abwechslungsreich. Die Belastungszeit sowie die Pausenphase können Sie, wie am ersten Trainingstag erläutert, selbst variieren und Ihre Intensität finden.

1. Easy Jump
2. Knee up
3. Double Bounce
4. Side Swing Criss Cross
5. Boxer
6. Jumping Jack
7. X-it
8. Side Swing rechts/links
9. Crougar
10. Speed
11. Criss Cross
12. Slalom
13. Heel Tap
14. Easy Jump rückwärts
15. Twister
16. Can Can
17. Double under
18. Kick
19. Straddle forward
20. Toad

Wer die schwierigeren Sprünge noch nicht ausführen kann, ersetzt diese durch einen anderen Sprung.

Auch nach diesem Trainingsteil beenden Sie das Training langsam mit lockerem Springen und dem Cool-down.

Trainingstag 5: Wiederholungs-Tag

Der Hauptteil dieses Trainingstages bezieht sich zur Abwechslung mal nicht auf eine vorgegebene Zeit, sondern auf die vorgegebene Anzahl der Sprünge.

Nach dem klassischen Aufwärmen folgt der Hauptteil.

Hier könnte man wieder in Anfänger und Fortgeschrittene unterteilen. Ich möchte aber Ihrer Kreativität etwas Raum lassen und schreibe Ihnen im Folgenden nur ein Training für die Anfänger auf. Wer schon ein paar Wochen trainiert, kann hier einfach probieren, eine höhere Anzahl der aufgelisteten Sprünge zu absolvieren oder die Anzahl beizubehalten, aber einen intensiveren Sprung dafür zu wählen.

Wer allerdings doch etwas zum Vergleich möchte, um sich gezielt zu verbessern und motivieren zu können, stoppt die Zeit, die Sie brauchen, um die unten aufgelistete Sprungreihe zu absolvieren.

- 100 Easy Jump
- 30 Criss Cross
- 30 Knee up
- 30 Jumping Jacks
- 100 Speed
- 30 Slalom
- 30 Boxer
- 30 Twister
- 100 Easy Jump rückwärts
- 20 Can Can
- 100 Speed
- 50 Double Bounce

Wenn Sie alle Sprünge ohne Pause durchführen, brauchen Sie circa 8 Minuten für einen Durchgang. Nach einer ausreichenden Pause (etwa 1 bis 2 Minuten) können Sie die Reihenfolge rückwärts noch mal springen oder beliebig oft wiederholen.

Nach diesem Trainingsteil sollten Sie eben-falls noch etwas locker springen und dann ein Cool-down mit Dehnungen durchführen.

Wenn Sie sich mal nicht zwischen Körperge-wichtstraining und dem Rope Skipping entschei-den können oder Sie eine gute Kombination von Ausdauer- und Krafttraining suchen, lassen sich diese beiden Trainingsbausteine super vereinen.

Sie können sich beispielsweise mit dem Seil aufwärmen, im Haupttrainingsteil wechseln Sie Spring- und Übungsphasen (mit Körpergewichts-übungen) ab und beim Cool-down dehnen Sie die beanspruchte Muskulatur wieder wie gewohnt.

Die Intensität ist auch hier leicht über Belas-tungs- und Pausenzeit regelbar.

Werden Sie aktiv – Vereine in Ihrer Nähe

Also warum sollen Sie es sich schwer machen, wenn es doch so einfach geht – das Training mit dem Springseil. Es ist günstig, klein und deshalb geschickt überallhin mitzunehmen, die Sportart hat ein geringes Verletzungsrisiko, ist allein oder mit mehreren durchzuführen, sehr effizient für Ausdauer, Beweglichkeit, Schnelligkeit, Koordination und Kraft, die

Intensität kann von Tag zu Tag und von Person zu Person angepasst werden. Es wird kein spezieller Ort dafür benötigt, einfach auspacken, wer mag, macht gute Musik an und los geht's. Es gibt nur noch Sie und Ihr Seil.

Das ist das Allerschönste am Seilspringen. Es gibt kein Falsch und kein Richtig. Sie können Sprünge ausprobieren, gezielt üben oder einfach neu kreieren. Es gibt kein „Falsch", nur Ihre Lust und Laune.

Und falls Sie nicht allein starten wollen und Anschluss bei Gleichgesinnten suchen, folgen nun ein paar Hilfestellungen, um etwas in Ihrer Nähe zu finden.

Generell können Sie sich noch mal allgemein auf der Homepage des Deutschen Turnerbundes unter der Rubrik „Rope Skipping" informieren (Deutscher Turner-Bund e. V.: Rope Skipping (dtb.de)). Auch auf den Homepages auf Landesebene, wie beispielsweise des Badischen und Schwäbischen Turnerbundes, erfahren Sie mehr zu den aktiven Rope-Skipping-Gruppen im Verband sowie zu anstehenden Terminen wie Camps und Wettkämpfen.

Des Weiteren sehen Sie unten eine Liste, der auf der Homepage des Deutschen Turnerbundes aufgezählten Rope-Skipping-Gruppen, die eine eigene Homepage haben.

Falls keiner der Vereine in Ihrer Nähe sein sollte, informieren Sie sich gern bei den Sportvereinen in Ihrer Nähe nach einer geeigneten Gruppe. Nicht jede Rope-Skipping-Gruppe hat auch ihre eigene Homepage, sondern ist an die Homepage der Vereine angegliedert. Und falls es noch keine Rope-Skipping-Gruppe in Ihrem Verein geben sollte, sind Sie vielleicht die/der Erste, die/der dafür einen Denkanstoß gibt oder sich gar selbst zum Übungsleiter ausbilden lässt und eine neue Gruppe in dieser einzigartigen Sportart starten wird. Der Ablauf der Übungsleiterausbildung ist ebenfalls auf verschiedenen Homepages (meist auf den Homepages der Landesverbände) ersichtlich. Es werden verschiedene Modelle und Fachrichtungen der Ausbildung angeboten, bei denen sicher jeder fündig wird, denn auch die Sportvereine suchen meist dringend nach helfenden Händen, die mit Leidenschaft dabei sind.

o <u>Burning Ropes</u> – SG Beelitz 1912 / 1920 e. V.

o <u>Burning Ropes</u> – Turnerschaft Ottersweier

o <u>Crasy Jumper</u> – TV 1848 Oberstein e. V.

o <u>Crasy Kangaroos</u> – MT Melsungen

o <u>Flying Ropes</u> – TG Rüsselsheim

o <u>Funky Frogs</u> – TV Crumstadt

o <u>Funny Skippers</u> – MTV Treubund Lüneburg

o <u>Jolly Juggle Jumpers</u> – TV Ravensburg

o <u>Jolly Jumpers</u> – TV Hailer

o <u>Jump Attack</u> – TSG 1846 Mainz-Bretzenhain

o <u>Jump Devils</u> – FC Lörzweiler 1961 e. V.

o <u>Jump for Fun</u> – TSV Dettingen Erms

o <u>Jumping Beans</u> – TV Babenhausen

o <u>Jumping Chicks</u> – TV Erfurt

o <u>Jumping Swans</u> – TG 1837 Hanau e. V.

o <u>ropes on fire</u> – TuS Mackenrodt

o <u>Skip4Fun</u> – TSG Neustadt

o <u>Sportensemble   Chemnitz</u> –   Sportensemble Chemnitz

o <u>Teuto Skipper</u> – SV Brackwede

o <u>TGM-Hoppser</u> – TG Mainz

o <u>The Saxon Kangaroos</u> – SSV 91 Brand Erbesdorf

o <u>Turnerschaft   Germersheim</u> – Turnerschaft Germersheim

o <u>TuS Nister</u> – TuS Nister

o <u>TV Hetzbach</u> – TV Hetzbach

o <u>TV Rheinbrohl</u> – TV Rheinbrohl

o <u>Jumping Joeys</u> – TSV Wacker 50 Neutraublingen

o <u>Team Fancy</u> – TSG Dirmstein

o <u>Rope Twister</u> – LSV Ladenburg

o <u>TV Roringen</u> – TV Roringen 1928 e. V.

Herstellung und Verlag:

BoD – Books on Demand, Norderstedt

ISBN: 9783756860340

1. Auflage

Kontakt: Psiana eCom UG/ Berumer Str. 44/ 26844 Jemgum

Covergestaltung: Fenna Larsson

Coverfoto: depositphotos.com